NOTICE

SUR

LA VIE ET LES OUVRAGES

DE

M. Louis-Marie NORMAND

GRAVEUR EN TAILLE-DOUCE

Membre de la Société académique des Enfants d'Apollon

PAR

M. le Marquis de QUEUX de SAINT-HILAIRE

CHANCELIER

PARIS
IMPRIMERIE FÉLIX MALTESTE ET Cⁱᵉ
RUE DES DEUX-PORTES-SAINT-SAUVEUR, 22
—
1875

NOTICE

SUR LA VIE ET LES OUVRAGES

DE

M. Louis-Marie NORMAND

GRAVEUR EN TAILLE-DOUCE

Membre de la Société académique des Enfants d'Apollon

PAR

M. le Marquis de QUEUX de SAINT-HILAIRE

CHANCELIER

———

Il est des familles privilégiées dans les arts, où les traditions du travail et le culte du beau ne se perdent jamais; où le fils, qui a vu son père travailler toute sa vie à conquérir sa renommée, à édifier sa fortune, à laisser après lui un nom respecté dans cette grande et belle République des Lettres et des Arts, est, dès sa naissance, initié à ces salutaires idées de travail et de devoir. Enfant, il est un élève assidu de son père; jeune homme, il l'aide dans ses ouvrages; homme fait, il est un collaborateur précieux, puis il devient un maître à son tour; il sert d'exemple vivant à ses fils qui l'imitent, et c'est ainsi que se forment ces familles d'artistes qui se perpétuent dans le même art, où chaque génération apporte sa pierre à l'édifice commencé par la génération précédente et destiné à être achevé par la génération suivante. Ces familles honorables et respectables entre toutes sont plus que des familles, ce sont, en quelque sorte, des dynasties d'artistes, qui se perpétuent par le culte de l'art, par l'étude du beau, par la recherche du bien, par la persévérance des efforts, par l'honnêteté de la vie, par l'élévation des idées. Elles ont leur noblesse la plus grande et la plus enviable de toutes les noblesses; ce sont des familles d'illustres parvenus de l'art, et j'aime à répéter ce mot, si souvent détourné de son véritable sens, car je ne sais rien de plus honorable que ce titre de parvenu, qui indique à la fois d'où l'on est parti et où on est arrivé, lorsque, de cette élévation que l'on a atteinte par sa valeur personnelle et grâce à des efforts incessants, on peut jeter avec un noble et tranquille orgueil les yeux sur le chemin parcouru, sans avoir à regretter ni à rougir. Comme l'autre noblesse, celle-là a aussi un nom qui oblige, et sa devise peut être ce mot qui résume et les efforts et le but : *L'honneur s'élève à grand labeur.*

M. Louis-Marie Normand était le second anneau dans la chaîne artistique d'une famille qui tint une place modeste dans les arts, mais dont l'œuvre tout entière eut toujours pour but d'être utile à la jeunesse et aux artistes.

M. Vaudoyer, architecte de mérite, membre de l'Institut, le père de l'architecte, également membre de l'Institut, dont la mort subite a causé, il y a quelques années, une si douloureuse impression dans le monde des arts, commence ainsi une notice nécrologique sur M. Charles Pierre-Joseph Normand, père de Louis-Marie :

« Il est aussi difficile de s'opposer à une vocation que de rompre un caractère, et il y a de l'ingratitude à repousser les dons que la nature nous a distribués. »

Cette pensée, fort juste en général, s'applique admirablement au chef de la famille Normand, à celui qui, à force de travail et de persévérance, par ses seuls efforts, obtint, en 1792, à vingt-sept ans, le grand prix d'architecture.

Cette même année 1792, le grand prix de peinture avait été décerné à M. Lafitte, qui, sous la Restauration, fut nommé premier dessinateur du cabinet du roi, et qui devint le maître de Louis-Marie Normand.

Le grand prix de sculpture fut obtenu par M. Gois fils, ami de L.-M. Normand, et dont je me plais à rappeler le nom, parce qu'il fut également membre de la *Société des Enfants d'Apollon*.

Les grands prix donnaient le titre et les avantages de pensionnaire de l'Académie de France à Rome.

« Mais, dit M. Vaudoyer dans sa notice, la tourmente révolutionnaire, qui avait gagné toute l'Italie, en avait fait, à cette époque, chasser tous les Français. L'Académie de France avait été évacuée, et le palais de Medici était devenu provisoirement une caserne.

« Charles Normand ne put donc étudier ces beaux monuments antiques, dont il avait copié tant de dessins chez ses maîtres. Il ne put voir cette Rome, dont le récit de ses camarades, qui en revenaient, enflammait son enthousiasme, cette Rome qu'il désirait tant connaître. Voyant la carrière de l'architecture désormais fermée pour ceux qui avaient sacrifié leurs premières années à l'étude de cet art, n'ayant ni le goût ni les moyens de se jeter dans les spéculations de l'entreprise matérielle du bâtiment, il chercha à utiliser d'une autre manière le talent qu'il avait acquis par ses études.

« Comme il dessinait également bien la figure, l'ornement et la perspective, il fit quelques tentatives sur la gravure au trait, pensant que ce genre, peu connu jusqu'alors, pourrait, dans la position critique où il se trouvait, devenir pour lui une ressource et une planche de salut. Cet essai fut favorablement accueilli et fit connaître si avantageusement Charles Normand, que les commandes d'ouvrages lui furent adressées de toutes parts. »

En même temps, il s'était marié, et, deux ans après, le 20 mai 1794, au lendemain de la Terreur, Louis-Marie Normand était né.

Fils d'un tel père, l'enfant ne pouvait qu'être heureusement doué. Charles Normand fut le maître naturel de son fils et dirigea ses premières études de dessin, d'architecture et de gravure au trait. Cependant, plus ambitieux peut-être qu'on ne le pensait autour de lui, Louis-Marie Normand avait des vues plus élevées. Il voulait apprendre à dessiner la figure, et, dans ce but, il entra dans l'atelier de M. Lafitte, ami de son père, comme lui grand prix de Rome et pensionnaire de l'Académie de France, en 1792, pensionnaire honoraire, ainsi que nous l'avons vu.

Louis Normand professa toujours pour son maître une vive

reconnaissance et une grande vénération. M. Lafitte, en effet, l'avait pris en amitié et lui avait souvent donné des marques d'estime, auxquelles son élève était fort sensible. Sous la direction de ce maître, ses progrès furent rapides et le mirent promptement en état d'être reçu élève à l'École des Beaux-Arts. C'est de cette époque que datent les relations d'amitié qui s'établirent entre lui et M. Dien, notre ancien confrère, ainsi qu'avec M. Gatteaux, notre respectable et illustre doyen.

Ces relations avec des hommes aussi distingués et d'autres contemporains qui ont disparu avant le temps, devaient entretenir chez L. Normand le feu sacré. Mais, à cette époque, au commencement de ce siècle, les guerres de l'Empire moissonnaient les hommes, et, pour ceux qui n'étaient pas entraînés par la vocation militaire, il fallait payer en argent la dette du sang. Les premières économies de L. Normand durent passer à l'acquisition, plusieurs fois répétée, d'un remplaçant.

Il fallait vivre, cependant. Louis Normand n'avait rien de mieux à faire que de suivre la carrière qui lui avait été ouverte par son père, et, comme lui, il grava au trait l'ornement, l'architecture et la figure.

Les premières traces de ce début se trouvent dans les *Annales du Musée*, publiées par Landon, et auxquelles il collabora depuis le Salon de 1808 jusqu'à celui de 1835, c'est-à-dire jusqu'au moment où cessa de paraître cette publication si intéressante, qui reproduisait au trait les tableaux les plus remarquables de chaque exposition de peinture, et qui est si précieuse pour nous, aujourd'hui que, par la faute du temps et des révolutions successives dont notre pauvre pays a été le théâtre, la plupart de ces beaux tableaux sont ou détruits, ou détériorés, ou dispersés. Landon, qui avait commencé cette publication, était mort en 1826; une société d'artistes avait essayé alors de la continuer, mais elle cessa absolument de paraître en 1835. Était-ce à cause de l'abondance des tableaux méritant, par le talent qu'ils montraient, d'être reproduits? ou bien par la pénurie d'œuvres capitales dignes de cet honneur exceptionnel?

Les *Annales du Musée* de Landon, ne paraissant qu'à des

époques périodiques, ne prenaient qu'une faible partie du temps de l'artiste dans le cours de l'année. Aussi, en 1822, voit-on L. Normand, suivant encore en cela l'exemple de son père, qui avait gravé et publié plusieurs ouvrages d'architecture, dessiner, graver et publier :

D'abord, l'*Arc de triomphe des Tuileries*, érigé en 1806, d'après les dessins et sous la direction de MM. Percier et Fontaine, architectes (27 planches in-folio).

Cette première publication fut suivie d'autres dont voici la liste succincte :

1825. — *Entrée triomphale du duc d'Angoulême à Paris*, d'après les dessins de Lafitte (Paris, 1825, in-folio, 23 planches avec texte).

1825. — *Galerie métallique des grands hommes français* (Paris, 1825, in-4°; 2 livraisons ont seules paru).

1829. — *Monuments français* choisis dans les collections de Paris et dans les principales villes de France (Paris, in-folio, 72 planches; la 2e partie parut de 1830 à 1847, 12 planches).

1833. — *Cours de Dessin industriel* (Paris, 1833, in-8°, avec un atlas in-folio de 34 planches; une seconde édition, faite avec la collaboration de MM. Doulliot et Krafft, parut en 1842).

1834. — *Paris moderne*, ou Choix de maisons construites dans les nouveaux quartiers de la capitale et des environs (Paris, 1834 à 1838, in-4°; 2e partie, 1838 à 1842; 3e partie, 1845 à 1850).

1841. — *Manuel de Géométrie et de Dessin linéaire, d'Arpentage et de Nivellement*, en collaboration avec M. Rebout (Paris, 1841, in-8°, avec 24 planches in-folio).

1845. — *Études d'ombres et de lavis*, appliquées aux ordres d'architecture ou Vignole ombré (avec le même) (Paris, 1845, grand in-folio oblong).

L. Normand a travaillé en outre aux *Souvenirs des monuments français*, aux *Modèles d'orfévrerie* et aux *Principaux Monuments de Paris*, publiés par son père; à la *Galerie mythologique de Millin* (1811); à la collection sur les *Fêtes données à l'occasion du mariage de Marie-Louise;* aux *Fontaines de Paris*, par Moisy; à la collection sur le *Palais Massimi*, à Rome, par Haudebourt et Suys; au *Musée de Sculpture*, du comte de Clarac; à la collection sur le *Baptême de Mgr le duc de Bordeaux*, par M. Hittorf; à l'*Architecture moderne de la Sicile*, dessinée par le même; à la *Rome moderne*, par Letarouilly; à l'ouvrage de M. Blouet, sur la *Restauration des Thermes d'Antonin Caracalla;* à la *Galerie chronologique et pittoresque de l'Histoire ancienne*, par Perrin, dont il a gravé entièrement toutes les planches; à *l'Univers pittoresque;* enfin, L. Normand a donné les dessins de polytypages pour l'Imprimerie nationale, pour celles de MM. Firmin Didot et Thompson (1). Il a collaboré encore à un recueil de tableaux, statues et bas-reliefs des plus célèbres artistes anglais, publié sous le titre d'*École anglaise*, par Hamilton, quatre volumes, dont toutes les planches ont été gravées par lui; à la *Description de l'Arc de triomphe de l'Étoile*, par Thierry (Paris, 1845), — et aux *Monuments antiques d'Orange*, arc de triomphe et théâtre, publiés par Auguste Caristie, architecte (Paris, 1856, in-folio).

D'après ce résumé, on voit combien la vie de L. Normand a été bien remplie. Et cette énumération, si nombreuse qu'elle soit, n'est encore qu'une très-faible partie de son œuvre. Nous n'avons fait que transcrire les titres de ces ouvrages les plus importants. Il serait impossible d'énumérer ses œuvres éparses, produit de son labeur infatigable. Le chiffre s'en élèverait sans doute à plusieurs milliers. Son talent souple et facile lui permit de faire des en-têtes, des culs-de-lampe, pour la librairie. Il dessina les billets de banque pour les Banques du Havre, de Rouen, de Bordeaux, de Lille, de la Guadeloupe, de Marseille, d'Orléans, et, malgré ce travail incessant, L. Normand trouvait

---

(1) V. Guyot de Fère.

encore le temps de se donner au doux commerce de l'amitié et de la confraternité. Nul, plus que lui, n'était assidu à nos séances, où il était toujours arrivé l'un des premiers et le dernier parti. Il suivait avec la même régularité et nos séances mensuelles et nos concerts publics, auxquels il ne manquait jamais. Cet esprit de confraternité, du reste, était un des côtés marquants de son caractère. A ce sujet, nous demandons la permission de citer un fait à l'appui de ce que nous venons de dire.

Après la Révolution de 1830, il se fit dans les esprits un mouvement remarquable qui a laissé, comme l'on sait, des traces fameuses dans les lettres et dans les arts. Quelques artistes fondèrent, à ce moment, la *Société libre des Beaux-Arts*. L. Normand en fut un des premiers sociétaires et l'un de ses membres les plus actifs et les plus assidus. Ce fut lui qui prit, en 1840, l'initiative d'une proposition qui avait pour but de venir en aide aux inondés du Midi. Cette proposition fut prise en considération, et l'on décida, sur la proposition du vénérable M. Gatteaux, également membre de cette Société, que l'on ferait appel à tous les artistes. On sait que, lorsqu'il s'agit de soulager quelque infortune, leur cœur n'est jamais fermé. L'exposition fut brillante et le succès complet. L. Normand, dans cette circonstance, déploya tant d'activité et de zèle, il montra tant de cœur, que, le 15 juin 1841, la Société décidait à l'unanimité qu'il lui serait décerné une médaille d'or, avec ces mots gravés sur le revers :

A M. L. Normand aîné, l'un de ses membres, pour la proposition d'une souscription d'objets d'art au profit des inondés du Midi, la Société libre des Beaux-Arts reconnaissante. 1er *décembre* 1840.

L. Normand refusa l'honneur qu'on voulait lui faire, et demanda que cette médaille fût remplacée par une lettre, qu'il conserva toujours précieusement, et qu'il appelait sa lettre de noblesse.

Aussi bon écrivain qu'habile graveur, il écrivit une notice pleine d'intérêt et d'émotion sur son vieil ami, M. Dien, au moment de la mort de ce dernier, et, s'effaçant, comme toujours, avec une modestie que rien ne peut vaincre, il ne voulut pas la lire lui-même devant vous, mais il emprunta la voix d'un de ses plus jeunes confrères.

Ainsi commencée et poursuivie, cette vie, tout entière consacrée au travail, et pour laquelle les années n'étaient qu'une succession de jours sans cesse bien et utilement employés depuis la première heure jusqu'à la dernière, cette vie devait s'achever au milieu du travail. L. Normand s'occupait, en effet, à revoir les planches de la quatrième partie de son ouvrage de *Paris moderne,* lorsque la maladie vint le surprendre. Elle ne se présenta d'abord que sous forme d'indisposition offrant peu de gravité; mais la situation s'aggrava bientôt, et, après six semaines de cruelles souffrances, L. Normand, âgé de près de quatre-vingts ans, rendit sa belle âme à Dieu, le 10 mai 1874, le jour même de la séance où la *Société des Enfants d'Apollon* célébrait le soixantième anniversaire de l'entrée dans son sein de son vénérable doyen, M. Gatteaux, l'ami et le compagnon de Normand.

C'est toujours pour notre Compagnie une très-grande douleur de perdre un de ses membres, et cette douleur s'accroît encore en proportion du nombre d'années pendant lesquelles nous avons pu jouir de l'agrément de son commerce et apprécier les qualités qui le distinguaient. A tous ces titres, la mort de L. Normand affligea profondément notre Compagnie. Entré parmi nous le 10 janvier 1841, il y avait trente-trois ans qu'il était des nôtres et que nous l'aimions. Mais il est une consolation qui nous est aussi donnée, c'est lorsque le fils de celui que nous regrettons vient prendre parmi nous la place de son père, ne voulant pas laisser vide dans nos rangs comme dans nos cœurs la place que nous sommes accoutumés à voir si dignement occupée; lorsque le fils vient ainsi continuer dans notre Société, comme il le fait dans la vie et dans l'art, les traditions, le nom, l'existence même de son père. Notre Compagnie a eu souvent cette consolation et cet honneur; car c'est vraiment un honneur, qu'elle doit aux sentiments de confraternité qui unissent tous ses membres entre eux; c'est aussi une consolation, en ce qu'elle voit se resserrer le lien qui nous réunit tous, et que ce lien s'étend jusque dans la famille. Nous n'avons qu'à jeter les yeux sur la liste nécrologique, hélas! toujours trop longue et qui s'augmente chaque année, où nous nous faisons un devoir d'inscrire le nom de ceux dont nous gardons au fond du cœur un souvenir impérissable, pour y trouver souvent le nom du fils auprès de celui de son père. Nous y voyons les noms de MM. *Dumont* père et fils, tous deux de l'Institut, comme les deux frères *Dupaty*, les deux *Fabre*, les deux *Francœur*, oncle et neveu; *Gerbet* père et fils, ainsi que les deux *Gois, Guénin, Mozin, Prault, Rigal, Sallentin* et *Sejan;* les deux illustres frères *Moreau*, dessinateurs et graveurs du cabinet du roi, qui furent les seconds fondateurs de notre Société en 1806; puis les trois générations des *Le Froid de Méreaux*, dont le dernier représentant est mort il y a peu de mois; les trois générations des *Van der Burch;* un moment même nous avons possédé le représentant de la troisième génération des *Lemonnier*, qui a laissé de si bons souvenirs parmi nous. Notre illustre doyen, M. *Gatteaux*, a siégé ici même à côté de son père, ainsi que M. de Bez; plus heureux qu'eux tous, M. Richard a le plaisir de retrouver son fils parmi nous et de voir les deux noms se suivre sur la liste de nos membres.

Cette notice, nous avions eu d'abord l'intention de ne l'écrire que sur notre regretté confrère M. Louis-Marie Normand; par la force des choses, par le mérite du sujet, et à l'aide des documents qui nous ont été si obligeamment communiqués, elle est devenue une courte notice sur la famille Normand. Elle serait incomplète s'il ne m'était permis ici de rappeler quelques-uns des titres de notre confrère actuel, M. Charles Normand, fils de celui qui fait le sujet de cette notice, dût sa modestie s'en effaroucher, mais pour l'honneur même du nom qu'il porte si dignement et de la tradition qu'il continue.

M. Charles Normand, pour ne rappeler qu'un seul trait, est lui-même grand prix de Rome pour la gravure en taille-douce; après avoir secondé son père dans presque tous ses travaux importants, il est aujourd'hui professeur de dessin au collége Chaptal. A l'Académie de France, à la villa Medici, il était le camarade de deux de nos confrères, comme lui grands prix de Rome, M. Besozzi, pour la musique, et, pour la statuaire, M. Bonnassieux, membre de l'Institut, qui se trouvait être notre président l'année où M. Charles Normand vint occuper parmi nous la place de son père. Vous vous souvenez, sans que j'aie besoin de vous la rappeler, de la touchante et charmante allocution par laquelle notre président souhaita parmi nous la bienvenue à son ancien camarade, avec cette éloquence véritable dont il a le secret et qui lui est si naturelle, car il la puise dans son cœur. Quintilien avait dit en latin : « *Pectus est quod disertos facit,* » — ce que Vauvenargues a si bien traduit : « *Les grandes pensées viennent du cœur.* » — M. Bonnassieux n'a qu'à laisser parler le sien pour trouver de ces paroles qui valent mieux que de longs éloges.